Totally Spies!™

RETROUVEZ Totally Spies!™

DANS LA BIBLIOTHÈQUE ROSE

Série créée par Vincent Chalvon-Demersay & David Michel.

Novélisation : Vanessa Rubio.

Hachette Livre, 43, quai de Grenelle, 75015 Paris.

Créatures féroces

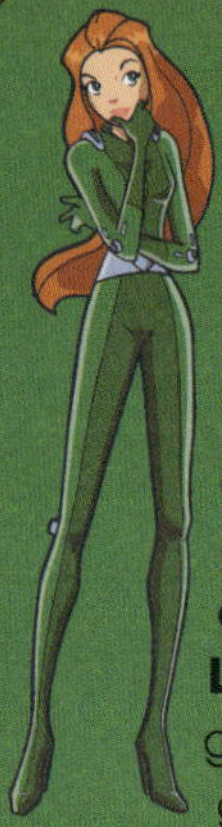

Sam

Cheveux : roux

Couleur préférée : le vert

Sa phrase fétiche : « Bizarre, bizarre… Bon, récapitulons… »

Qualités : Beaucoup de logique et un grand sens pratique, c'est souvent elle qui trouve la clé de l'énigme.

Le petit + : Sam est le cerveau du groupe. Même en pleine crise, elle garde les pieds sur terre !

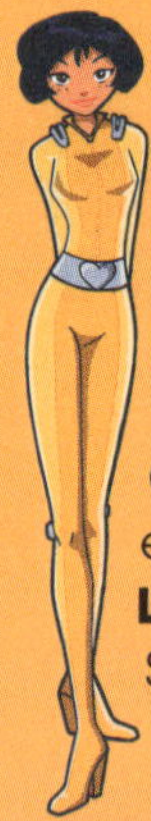

Alex

Cheveux : bruns

Couleur préférée : le jaune

Sa phrase fétiche : « T'en fais pas, on est là, nous ! »

Qualités : Sensible et attentionnée, elle est toujours prête à aider ses amies.

Le petit + : Alex est la plus jeune des Spies, elle est timide et maladroite, mais tellement adorable !

Totally Spies!™

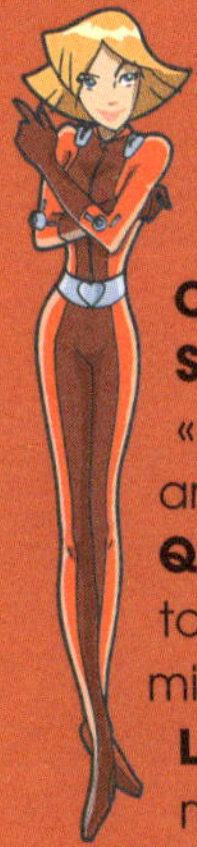

Clover

Cheveux : blonds

Couleur préférée : le rouge

Sa phrase fétiche :

« Je crois que je suis encore tombée amoureuse ! »

Qualités : Sportive et bagarreuse, elle est toujours partante pour une nouvelle mission !

Le petit + : Clover ne pense qu´à la mode et aux garçons, elle est un peu fofolle, mais on lui pardonne !

Jerry

Sa phrase fétiche :
« Bienvenue au WOOHP, les filles ! »
Qualités : Il a toutes les qualités, forcément, c'est lui le chef !
Le petit + : À chaque mission, il arme les Spies d'une panoplie de gadgets super utiles : crème bronzante paralysante, com-poudrier, sac à dos-parachute…

Mandy

Sa phrase fétiche :
« Bas les pattes, Clover ! »
Qualités : Aucune, c'est une vraie peste, odieuse et prétentieuse !
Le gros - : Elle pique tous les petits copains de Clover. C'est son ennemie jurée !

Je m'appelle Clover. Je suis blonde, avec des yeux d'un bleu envoûtant et une silhouette de rêve. Autant dire qu'aucun garçon ne peut me résister. Je vais au lycée de Beverly Hills, j'adore le shopping... et David. Ah, David... mais je vous en parlerai plus tard. Mes deux meilleures amies, Sam et Alex, sont dans la même classe que moi. Sam est une grande rousse qui a parfois tendance à être trop sérieuse, une vraie intello ! L'avantage, c'est qu'elle trouve toujours une solution à tous les problèmes. Quant à Alex, c'est une petite brune un peu tête en l'air mais qui n'a pas son pareil pour vous remonter le moral. Et on peut dire que j'en ai bien besoin depuis quelque temps. Pourquoi ? Parce que la vie n'est pas de tout repos depuis que nous avons été recrutées par le WOOHP ! Vous ne connaissez pas ? Normal, c'est une organisation top secrète... En quelques secondes, nous passons de la vie de lycéennes californiennes à celle d'espionnes professionnelles envoyées à l'autre bout du monde pour déjouer les plans des plus terribles malfaiteurs. Vous comprenez pourquoi ma vie sentimentale est un véritable chaos en ce moment...

Clover

Chapitre 1

10 h 00

Lycée de Beverly Hills

C'était un lundi matin. Le premier cours de la semaine venait de se terminer et j'en avais déjà assez. Je ne sais pas vous, mais moi, les cours, je trouve ça vraiment barbant ! Le pire, c'est le cours de littérature. Et par quoi commence-t-on le lundi ? Par la littérature, bien sûr. Cette fois-là, le prof nous a demandé d'écrire un poème pour la semaine suivante. C'était le pompon ! Il fallait trouver des rimes par-dessus le marché, et puis quoi encore ?

Évidemment, Sam était ravie :

« La poésie est la manière la plus romantique d'exprimer ce que l'on ressent. C'est le langage privilégié de l'amour... »

Pour être franche, je n'ai pas entendu la suite car j'ai aperçu David devant son casier. Ah, David ! En voilà un pour qui je serais prête à faire des rimes, s'il me le demandait. Il est grand, brun, trop mignon et intelligent en plus... Je l'adore !

Je suis allée à sa rencontre, plantant là mes amies.

« Bonjour, David !

— Tiens, salut, Clover.

— Alors, tu en penses quoi de ce poè... »

Mais, alors que j'étais en pleine conversation avec l'homme de ma vie, Mandy, mon ennemie jurée, est arrivée pour me couper la parole :

« Salut, David. »

Pas question que je me laisse faire par cette peste. Je me suis

collée tout contre David, feignant d'ignorer l'adversaire.

« Donc, je disais, tu en penses quoi du devoir de littérature ?

— J'adore la poésie, mais j'ai peur qu'on me trouve ridicule, a avoué David. J'ai le trac à l'idée qu'on lise un de mes poèmes.

— C'est vrai ? Quelle coïncidence ! Moi aussi, j'adore la poésie (D'accord, c'était un mensonge...

Mais vous savez ce que c'est quand on est amoureuse...). Et c'est comme toi, j'ai peur qu'on me trouve ridicule !

— Alors tu dois vivre dans une terreur permanente ! »

Évidemment, c'était une réplique de Mandy, mais le merveilleux David n'y a pas prêté attention. Il m'a répondu de sa douce voix :

« On pourrait se voir quand tu auras écrit le tien. Histoire d'échanger quelques critiques constructives. On n'a qu'à se fixer un rendez-vous de travail samedi prochain, par exemple.

— Tu... tu veux qu'on se voie ?

— Ben, oui ! À samedi soir ! » m'a-t-il lancé en s'éloignant.

J'ai poussé un soupir de bonheur avant de me tourner vers Mandy.

Elle écumait de rage. Moi, j'étais aux anges.

« Je te laisse, Mandy. Je te raconterai comment s'est passé notre tête-à-tête.

— Un rendez-vous poétique ? Laisse tomber, ça doit être aussi palpitant que de regarder sécher ton vernis à ongles. »

Génial, deux coups d'un seul : j'avais mis Mandy hors d'elle et j'avais rendez-vous avec le beau David !

J'ai rejoint les filles, qui n'avaient pas bougé.

« Au fait, tu disais quelque chose, Alex ?

— Juste que lorsque David est dans le coin, tu nous ignores complètement.

— Oui, dans ce cas on devient invisibles ! a renchéri Sam.

— Mm... Ah, au fait, je ferais bien d'appeler ma boutique préférée. Je veux réserver une tenue de rêve pour samedi prochain ! » ai-je poursuivi sans les écouter.

Bon, je sais. Elles avaient raison. Je ne pensais plus qu'à mon rendez-vous. Mais il fallait vraiment que je trouve quelque chose à me mettre. J'ai dégainé mon téléphone portable et là, plus de batterie. Panique ! J'ai attrapé Sam et Alex par le bras.

« La technique me lâche dans un moment crucial ! Vite, il y a urgence. »

J'ai couru à la cabine téléphonique du lycée. Le problème, c'est que je ne savais pas comment fonctionnait cette antiquité. Sam a commencé à m'expliquer qu'il fallait mettre des pièces dans la fente... mais elle n'a pas pu finir sa phrase car le plancher de la cabine s'est ouvert sous nos pieds !

« Aaaaahhhhhh ! »

Chapitre 2

11 h 05

Quartier général du WOOHP

Nous avons été aspirées dans un conduit gigantesque. Ce qui voulait dire que nous partions en mission. J'ai hurlé :

« Le sort est contre moi, j'ai un appel super urgent à passer et c'est juste le moment qu'a choisi le

WOOHP pour nous convoquer ! »

Après une chute interminable, nous avons atterri toutes les trois sur la fameuse banquette rose. Comme d'habitude, Alex et Sam se sont posées comme des fleurs alors que moi, j'ai été éjectée la tête la première et les fesses en l'air.

Les locaux du WOOHP, c'est impressionnant : des ordinateurs partout, des milliers d'employés chargés de veiller à la sécurité de tous les habitants de la planète et, au beau milieu, Jerry, notre chef vénéré, qui surveille tout ça de son immense bureau.

Jerry, ce n'est pas du tout mon genre. Il est chauve, avec des moustaches et, en plus, il n'a aucun savoir-vivre. Au lieu de nous téléphoner pour nous convoquer et de nous envoyer une voiture, il préfère nous faire aspirer sans prévenir. Et chaque fois, je file mes collants dans la chute !

Enfin, il nous a tout de même accueillies avec son grand sourire satisfait.

« Bienvenue au WOOHP, les filles.

— Bonjour, Jerry, lui ont répondu Alex et Sam.

— Jerry, vous n'avez pas d'autres agents sous la main ? ai-je aussitôt demandé. Parce que j'ai rendez-vous avec David et... »

Mais il ne pouvait pas comprendre, évidemment. Il ne pense qu'au travail, je suis sûre que c'est pour ça qu'il a perdu tous ses cheveux.

« Désolé, Clover. Mais c'est à vous que je veux confier l'enquête sur une série d'enlèvements spectaculaires. Ces dernières semaines, plusieurs scientifiques très célèbres ont disparu dans des circonstances mystérieuses, un peu partout dans le monde. Par chance, l'une des victimes a réussi à échapper à son agresseur.

— Et vous aimeriez qu'on lui rende une petite visite ? a suggéré Sam.

— Affirmatif. Il s'agit d'un zoologiste, un certain Jacob. Oh, et avant que j'oublie... »

Jerry nous a tendu trois enveloppes. C'était des invitations pour le pique-nique annuel du WOOHP qui se tenait cette fois au zoo de Pékin. Cool !

« J'adore les pique-niques ! s'est exclamée Alex. Euh... Ça ne gêne personne si je porte ma jupe panthère pour l'occasion ? »

Sam a levé les yeux au ciel.

« Tant que c'est du synthétique, je pense que les panthères s'en remettront. »

Avec un petit sourire, Jerry a ajouté :

« Je précise que la participation au pique-nique est obligatoire, mesdemoiselles.

— Dans ce cas, vous pouvez compter sur notre présence », a affirmé Sam.

Elle aime bien jouer les chefs et répondre à notre place ! Mais là, elle s'était engagée un peu vite car, en lisant l'invitation, je venais de faire une découverte catastrophique.

« C'est une vraie tragédie ! Ce pique-nique tombe le même jour que mon rendez-vous avec David.

— Désolé, Clover ! Les histoires d'amour sont éphémères, mais le WOOHP, c'est pour la vie », a répliqué Jerry.

Il a continué son petit discours sans plus se soucier de mon terrible problème. Au-dessus de son bureau, un panneau a coulissé, découvrant toute une série de gadgets.

« Pour cette mission, les filles, vous serez équipées de loupes de soleil à monture en écaille, d'un sac à dos-parachute en simili-croco, d'un tube de mascara éjecto-filet, d'une montre-scanner et d'une nouveauté très seyante, la ceinture-lasso... »

Jerry nous fait toujours une petite démonstration pour nous présenter les gadgets, il adore ça. Aïe, aïe, aïe ! Quelle faute de goût, cette ceinture verte sur son atroce costume gris souris.

Il nous a tendu notre nouvelle panoplie. Il faut reconnaître que tous ces objets nous sont extrêmement utiles en mission et en plus, ils sont souvent plutôt sympas.

D'ailleurs, Sam s'est jetée sur la ceinture.

« Génial, elle est tout à fait assortie à mon pantalon ! »

Jerry a profité de ce que nous étions en train d'enfiler nos sacs à dos en forme de cœur pour presser un bouton rouge. Hop, c'était reparti ! Le plancher s'est ouvert sous nos pieds et nous sommes tombées dans un nouveau conduit.

« Aaaaaaaahhhhhh ! »

Chapitre 3

11 h 55

Banlieue de Pékin, Chine

La victime rescapée que nous devions interroger habitait... en Chine, rien que ça. Le WOOHP s'est chargé de nous expédier là-bas *illico presto*... et de nous déposer juste devant sa maison. Comme d'habitude, Sam marchait en tête :

« Bien, j'espère que ce fameux professeur Jacob va pouvoir nous fournir... »

En arrivant devant la porte, elle s'est arrêtée au beau milieu de sa phrase. La porte était lacérée de profondes traces de griffes. Sûrement pas l'œuvre d'un chaton ! Nous avons frappé et une voix tremblante nous a répondu :

« Qui... qui est là ?

— Bonjour, nous sommes chargées d'enquêter sur l'agression dont vous avez été victime. »

Nous avons entendu des bruits de chaînes et de verrou : ce monsieur était sérieusement barricadé ! Finalement, il a entrebâillé la porte. Il avait un peu la même tête que notre prof de biologie, avec des lunettes et une barbe. Il portait des bretelles en plus ! Le look du parfait scientifique : pas vraiment sexy...

Il avait l'air complètement paniqué et ne nous a fait entrer qu'après nous avoir bien observées.

« Désolé pour l'accueil mais, depuis cette agression, je ne prends plus aucun risque. »

Sa maison était assez incroyable, remplie d'animaux empaillés et de bouquins poussiéreux, vous voyez le genre...

Alex s'est mise à l'interroger :

« Est-ce que quelqu'un avait une raison de s'en prendre à vous ?

— Non, pas à ma connaissance. J'ai de bonnes relations avec mes collègues de travail. Une chose est sûre, c'est que celui qui m'a attaqué était frileux et cruel : il portait un manteau de fourrure d'une espèce très rare d'ours polaire.

— Cruel... et ringard. La fourrure, c'est complètement passé de mode ! » s'est exclamée Alex.

J'étais tout à fait d'accord avec

elle. Maintenant, il existe des fourrures synthétiques très bien imitées, pas la peine d'aller tuer des animaux !

« Pourrions-nous inspecter la maison ? a demandé Sam. Votre agresseur a peut-être laissé un indice...

— Oui, oui, je vous en prie, faites comme chez vous. Moi, je vais aller préparer un bon thé. »

Pendant que nous passions la maison au peigne fin, Alex m'a posé une question qui, pour être franche, me tracassait depuis un moment :

« Alors, tu as prévenu David que votre rendez-vous était annulé ? »

Non… Cher David, je ne pouvais pas me résoudre à lui faire ça. Il allait être complètement anéanti, le pauvre ! Mais Jerry avait été clair : je n'avais pas le choix. J'ai donc pris le téléphone de Jacob (il avait dit de faire comme chez nous, je pouvais bien passer un coup de fil, non ?).

« Courage, quand faut y aller... Salut, David, c'est Clover. Écoute, j'ai quelque chose à te dire... »

Mais là, je n'ai pas pu. Il faut me comprendre, aussi. Il était justement en train d'écrire un poème sur *notre* rendez-vous. Sur notre rendez-vous ! Il me l'a lu d'une voix à vous faire chavirer. Tenez, je m'en souviens encore : « Clover, Clover, tu es la perfection incarnée. J'ai hâte de te revoir, je déteste être rejeté. » Qu'est-ce que vous vouliez que je fasse ? Je lui ai dit que j'allais passer sous un tunnel, qu'on risquait d'être coupés et j'ai raccroché.

Je me suis tournée vers Alex et Sam.

« Aïe, aïe, aïe ! Ce n'est vraiment pas mon jour ! »

C'est alors qu'un terrible vacarme a retenti dans la cuisine. Jacob a poussé un hurlement. Nous nous sommes précipitées à son secours mais trop tard... il avait été enlevé ! Pour de bon, cette fois !

La cuisine était sens dessus dessous et il y avait un trou énorme dans le mur. Jamais un humain n'aurait pu faire ça !

Alex, qui inspectait les décombres, a constaté d'une voix toute triste :

« Pauvre Jacob. Tout ce qui reste de lui, c'est cette chaussure. »

J'adore Alex mais elle est vraiment trop sensible : on n'a pas le temps de s'attendrir quand on est en mission. Il faut être rapide et efficace !

Sam lui a pris la chaussure des mains pour l'examiner avec les loupes de soleil.

« Hé, il y a un cheveu blond dessus ! »

Je l'ai ensuite passé à la montre-scanner.

« Ce n'est pas un cheveu. C'est un poil d'ours polaire.

— Mais alors, ça veut dire que Jacob a été enlevé par l'homme au manteau de fourrure dont il nous a parlé ! » s'est exclamée Alex.

Quel esprit de déduction !

« Si j'en juge par les dégâts dans le mur, je dirais même qu'il s'agit de l'ours en personne, a constaté Sam.

— Aux dernières nouvelles, les

ours polaires vivent sur la banquise ! ai-je répliqué.

— Il n'y a qu'à appeler Jerry pour savoir s'il y a des ours polaires dans les zoos des environs. »

Sam a ouvert son com-poudrier rose et Jerry est immédiatement apparu sur l'écran.

« Bonjour, les filles.

— Bonjour, Jerry. Y aurait-il des ours polaires en captivité dans le coin ?

— Voyons voir... il y en a un, effectivement. Enfin, il y en avait un... il s'est récemment échappé du zoo de Pékin. C'est étrange, c'est exactement là qu'aura lieu le pique-nique. À propos, vous préférez de la salade de pommes de terre ou des chips, en accompagnement ?

— Ni l'un ni l'autre, Jerry, ça fait grossir ! Bon, faut qu'on file.

— Mais... Qu'est-ce que...? »

Sam a refermé son com-poudrier en lui clouant le bec. Il est gentil mais il ne se rend vraiment pas compte de ce que c'est d'être une espionne. Lui, il passe son temps derrière son bureau !

Chapitre 4

14h03

Zoo de Pékin, Chine

La seule chose à faire pour retrouver la trace de celui qui avait enlevé Jacob, c'était de se rendre au zoo de Pékin. En arrivant devant l'entrée, je suis restée bouche bée : le portail était magnifique, en forme de pagode rouge et verte, encadré de statues d'éléphants dorées. Quant au zoo, il semblait immense, il devait abriter toutes les espèces d'animaux possibles et imaginables...

Mais nous n'étions pas là pour visiter, il nous fallait une couverture afin de pouvoir fouiner dans le zoo incognito. Sam (encore elle !) a eu une idée « géniale » : nous nous sommes inscrites comme bénévoles pour l'entretien des cages (beurk !). On nous a donné de super tenues kaki qui allaient à merveille avec mes cheveux blonds. Ah ! Si David avait pu me voir dans ce petit pantalon serré, avec ma casquette, je suis sûre qu'il aurait craqué. David ! Zut de super zut ! Je n'avais toujours pas annulé notre rendez-vous !

« J'ai trouvé ! Si j'annonce à David que je ne peux pas venir en lui récitant un poème, il le prendra peut-être moins mal. Qu'est-ce qui rime avec "poser un lapin" ?

— Euh... "la maîtresse en maillot de bain" ? a proposé Alex.

— Dites, les filles, vous pouvez oublier la poésie, là ? On a une affaire importante à régler, je vous signale, nous a rappelé Sam. On devrait aller voir le directeur du zoo pour en apprendre un peu plus. »

Nous l'avons trouvé à côté de la cage d'un gorille. Il était assez jeune, en costume... et plutôt pas mal.

« Ah, mes nouvelles bénévoles. Bonjour, je m'appelle Adam et on peut dire que je suis soulagé de vous voir. Trois de mes meilleurs soigneurs m'ont subitement lâché. Ils ne sont pas venus de toute la semaine. »

Je me suis penchée vers Alex pour chuchoter :

« C'est bizarre. Toutes ces personnes qui ont disparu travaillaient avec des animaux, comme Jacob... Quelle coïncidence. »

Sam était en train de discuter

avec Adam quand, soudain, le gorille a tendu une balle à Alex à travers les barreaux de sa cage.

« Vous avez vu ça ? s'est-elle exclamée, attendrie. Il m'a donné la balle de lui-même ! Merci, mon pépère, tu es un bon singe. »

Adam a souri.

« Je vous présente Sherman. Vous savez, les gorilles sont des animaux beaucoup plus intelligents qu'on ne le croit. Bon, pourriez-vous nettoyer les cages de l'ours polaire et du lion ? Personne ne s'en est occupé depuis qu'ils se sont échappés, la semaine dernière. »

Jusque-là, Adam m'avait semblé sympathique. Mais là... Il m'a tranquillement tendu une pelle avant de s'en aller. Je comprenais mieux pourquoi ses employés ne venaient plus travailler. J'ai passé la pelle à Sam, cet accessoire n'était pas du tout mon style !

Nous en avons profité pour inspecter la cage de l'ours polaire. Malheureusement, nous n'avons rien vu de louche : aucune trace d'effraction.

Tout à coup, Alex s'est écriée :

« Regardez ! Sherman s'enfuit ! »

Nous nous sommes précipitées sur le gorille pour l'arrêter. Nous l'avons encerclé et Sam a tenté de le plaquer au sol. Mais Sherman l'a soulevée comme une plume et l'a jetée par-dessus son épaule avant de courir (je dis bien courir... comme un humain !) vers la sortie du zoo.

Je n'en revenais pas.

« Vous avez vu ça ? Un gorille qui fait des prises de karaté ! »

Sam n'était pas le genre à laisser tomber aussi facilement. Elle s'est relevée en grognant :

« Ouais, ben, attends que je le prenne au lasso ! »

Comme un cow-boy du Far West, elle a débouclé sa ceinture-lasso, l'a fait tournoyer en l'air... et le gorille s'est retrouvé pris au piège. Non mais, les Spies n'allaient pas se laisser faire par cette grosse bébête, quand même !

C'est là que Sherman nous a souri... et qu'il s'est mis à parler !

« Ne soyez pas si promptes à crier victoire. Je suis bien trop intelligent pour me laisser piéger par vos petits gadgets ridicules. Ne vous dérangez pas. Je connais le chemin. »

Profitant de notre surprise, il a passé le lasso au-dessus de sa tête et, libéré, s'est dirigé tranquillement vers la sortie. J'étais scotchée ! En plus, il avait du vocabulaire, ce gorille !

Alors que Sam et moi restions

pétrifiées, abasourdies par ce que nous venions de voir, Alex s'est précipitée vers le portail pour lui barrer le passage. Mais cette brute pleine de poils l'a coincée sous son bras comme un vulgaire paquet et est montée avec elle dans une voiture.

Sherman s'est alors tout simplement installé à la place du conducteur avant de démarrer !

Chapitre 5

15 h 30

Zoo de Pékin, toujours...

Sam m'a regardée, les yeux écarquillés.

« J'ai des hallucinations ou quoi ? J'ai bien vu un singe partir en voiture avec Alex ?

— En tout cas, j'espère qu'il conduit mieux qu'elle ! »

Je sais que ce n'était pas le moment de faire de l'humour mais il faut dire qu'Alex est un véritable danger public au volant.

Adam est arrivé en courant, totalement paniqué. Il avait une sorte de pistolet-laser à la main.

« C'est de la folie ! Un type masqué a collé cet engin sur la tête de Sherman et, l'instant d'après, le gorille s'est mis à se comporter comme un humain ! Il a crocheté la serrure de sa cage avec le talent d'un véritable cambrioleur !

— Baaah ! En plus, il m'a mis de la bave partout ! » ai-je hurlé, dégoûtée, en inspectant ma veste.

Non, mais c'est vrai ! Il y a une chose avec laquelle je ne rigole pas, c'est mon look ! J'ai essuyé cette saleté avec un mouchoir en papier. Beurk ! Je me suis exclamée :

« S'il peut conduire, il peut certainement me payer le nettoyage à sec, ce monstre baveux ! »

Adam nous a laissées pour aller vérifier les autres cages tandis que Sam fouillait dans la poubelle où j'avais jeté mon mouchoir. Qu'est-ce qui lui prenait ?

« Sam, je sais que tu n'aimes pas gâcher, mais demande-moi si tu as besoin d'un mouchoir.

— Je veux juste l'analyser. La

salive de Sherman nous donnera peut-être un indice. »

Elle a sorti mon mouchoir de la poubelle, triomphante, et l'a plaqué sur la montre-scanner... Devinez quoi ? L'ADN de Sherman était à demi humain !

« Bizarre, bizarre... Et si on appelait Jerry ? »

Sam avait raison, nous avions besoin d'aide. J'ai aussitôt dégainé mon com-poudrier. Jerry est apparu à l'écran. Il était dans sa cuisine, avec un tablier par-dessus son éternel costume gris. Pas trop débordé, notre chef bien-aimé !

« Dites, les filles, des crudités, ça vous dirait en entrée ? »

Il commençait à être pénible avec son pique-nique ! J'ai répondu sèchement :

« Je crois qu'on a un problème plus urgent : un gorille qui parle vient d'enlever Alex ! On vous envoie un échantillon d'ADN plutôt étrange.

— Ah... Je vois ce que vous voulez dire. La moitié humaine de l'ADN correspond à celui d'un vétérinaire.

— Vous avez son adresse ?

— Je l'ai déjà téléchargée dans

votre com-poudrier. Mesdemoiselles, est-il besoin de vous préciser que je veux revoir Alex saine et sauve pour le pique-nique ?

— Ça, on s'en doutait, Jerry. »

Comme si nous, on n'avait pas envie de vite la retrouver, notre Alex chérie ! Je me suis tournée vers Sam.

« OK, allons rendre une petite

visite à ce monsieur. Il pourra peut-être nous expliquer comment son ADN a atterri dans de la bave de gorille. »

Pas de temps à perdre : nous avons sauté dans un 4 x 4 pour filer chez le vétérinaire en question. Pendant le trajet, je me suis souvenue de David : je n'avais toujours pas annulé mon rendez-vous. Je ne savais vraiment pas comment le lui dire. Il allait être tellement déçu... Sam m'a donné un coup de coude.

« Hé ! Je te parle. La pauvre Alex ! J'espère que Sherman ne lui a pas fait de mal.

— Désolée Sam, mais je viens de me rappeler que je n'avais toujours pas annulé mon rendez-vous avec David.

— Tu n'as qu'à lui proposer de le

reporter. Comme ça, il ne sera pas vexé et tu pourras quand même sortir avec lui.

— Tu es un génie, Sam ! Et si je lui dis en vers, ça passera encore mieux ! »

Je l'ai appelé avec mon com-poudrier. Il a aussitôt décroché :

« Allô, allô, David *au micro… à vous les studios.*

— Salut, David, c'est Clover...

J'ai une chose importante à te dire,
J'espère que tu ne vas pas en souffrir.
Je suis prise samedi, pas de veine.
Nous pourrions remettre ça
à la semaine prochaine.

— Waouh !

Clover, tu as une âme de poète !
Mais je regrette.
Hélas, je ne peux te dire oui,
Samedi prochain, j'ai rendez-vous
avec Mandy. »

J'ai réfléchi cinq secondes, complètement paniquée, et j'ai répliqué (plus du tout en vers cette fois) :

« Bon, je vais m'arranger, on maintient notre rendez-vous ! »

Chapitre 6

16 h 25

Clinique vétérinaire abandonnée

Après avoir traversé la campagne chinoise, nous sommes arrivées à l'adresse que Jerry nous avait communiquée. C'était une clinique vétérinaire délabrée et visiblement à l'abandon : toutes les vitres étaient brisées, l'enseigne pendait lamentablement. Et surtout, l'endroit semblait désert. C'était le lieu idéal pour manigancer quelque chose...

Il n'y avait aucun signe de vie mais, en approchant de l'entrée, j'ai remarqué des empreintes d'ours très étranges.

« Regarde, Sam !

— Bizarre, quel genre d'animal

marche sur deux pattes au lieu de quatre ? Je crois que nous sommes sur la bonne piste... »

Maintenant, il fallait entrer sans se faire repérer. J'ai essayé d'ouvrir la porte mais celle-ci était verrouillée. La seule solution, c'était de passer par la cheminée, comme le Père Noël !

Heureusement, nous avions la ceinture-lasso pour monter sur le toit. Nous nous sommes ensuite laissées glisser le long du conduit de cheminée qui était plein de suie, bien sûr. Ah, là, là ! j'allais encore devoir donner ma combinaison au pressing !

Note pour les missions futures : ne jamais passer par une cheminée avec des vêtements salissants.

« Sam ! Clover ! »

C'était Alex, elle était saine et sauve... mais derrière des barreaux ! Et dans la cage d'à coté se trouvaient Jacob et des hommes en uniforme, sans doute les soigneurs du zoo qui avaient été enlevés.

Alex nous a rapidement résumé la situation :

« Sherman m'a enfermée là-dedans. Et un savant complètement fêlé a transformé Jacob et les autres en animaux sauvages.

— Pas de panique. On va vous sortir de là, a affirmé Sam.

— Un moment, jeunes filles. »

Aïe ! Sam avait parlé un peu vite. Derrière nous, se tenait un homme chauve en blouse blanche entouré d'un lion et d'un ours polaire. Ils étaient debout, les pattes sur les hanches, l'air assez content d'eux.

L'homme était forcément le vétérinaire dont l'ADN se trouvait mêlé à celui de Sherman. Nous étions dans de beaux draps !

Le lion et l'ours se sont jetés sur nous : pas moyen de résister, nous ne faisions pas le poids ! Ils nous ont enfermées dans la cage d'Alex. L'homme s'est alors approché de la cage en souriant.

« Mettez-vous à l'aise, mesdemoiselles. Désormais, vous êtes ici chez vous. »

Sam lui a répondu :

« Écoutez, mon ami, je ne sais pas quel plan tordu vous mijotez, mais ne comptez pas sur nous pour le dîner. On ne va pas s'éterniser ici.

— D'abord, je ne suis pas votre "ami". Je suis le très illustre docteur Renard. Quant à mon "plan tordu", il consiste à permettre aux animaux de se rebeller contre les humains qui les emprisonnent depuis si longtemps. »

Le docteur Renard. Plutôt marrant comme nom pour un vétérinaire fêlé ! C'est ce que j'ai chuchoté à Sam et Clover mais elles trouvaient que le moment était mal choisi pour faire de l'humour.

Sam a interrogé le docteur Renard :

« Comment expliquez-vous que votre ADN soit mêlé à celui de Sherman ?

— C'est grâce à mon ingénieux transmuteur génétique qui permet

aux animaux d'assimiler l'ADN humain. Cela augmente énormément leurs capacités intellectuelles. »

Sherman est alors arrivé dans la pièce, très fier de lui.

« Impressionnant, n'est-ce pas ? a commenté le vétérinaire. Mais le plus beau, c'est que le processus marche dans les deux sens : je peux aussi inoculer de l'ADN animal à des humains. »

Il s'est alors tourné vers les animaux : Sherman, le lion et l'ours.

« Maintenant, en route. Allez remplir votre mission ! »

Le gorille n'a pas du tout apprécié sa façon de parler. Il l'a attrapé par le bras pour s'emparer du transmuteur.

« Petit changement de programme, docteur Renard ! Tous les humains en cage ! Vous allez devenir de gentils animaux. Vous n'avez rien contre ?

— Mais ce n'est pas juste ! C'est moi qui vous ai libérés ! » a protesté le docteur Renard.

Sherman a éclaté de rire et a visé le front du vétérinaire avec le transmuteur... L'instant d'après, le docteur Renard se retrouvait à quatre pattes, aboyant comme un chien. Le gorille lui a caressé la tête : c'était le monde à l'envers !

Je le trouvais plus mignon comme ça, ce docteur. Mais cela n'arrangeait pas nos affaires. Sherman s'est adressé aux autres animaux :

« Suivez-moi ! Le moment est venu de libérer nos frères et d'entreprendre l'asservissement total de la race humaine. »

Puis, il s'est tourné vers le lion :

« Change-les en animaux !!! »

Là, je crois bien que c'était de nous qu'il parlait. Et ça ne me plaisait pas du tout. Le gorille et l'ours sont sortis en nous laissant avec le lion qui n'avait franchement pas l'air sympa.

« Apparemment, l'agressivité naturelle de ces animaux produit des effets secondaires que le docteur Renard n'avait pas prévus. »

Je dois bien avouer que, comme d'habitude, Sam avait raison. Bon, on était en cage avec un vétérinaire à quatre pattes en train de lécher le sol et un lion prêt à nous transformer en animaux : autant dire qu'on était mal parties. Enfin surtout moi ! Car le lion venait de me choisir comme première victime. Il a ouvert la porte de la cage et m'a prise sur son dos. Je me suis mise à hurler :

« Hé, doucement, sale brute !

— Silence ! Ça va aller très vite ! »

Je me suis retrouvée ligotée sur une chaise avec ce lion à l'haleine fétide qui pointait le transmuteur sur mon front. Pas question de me

laisser faire, je ne voulais pas finir comme Jacob ! Heureusement, nous ne sommes pas les Spies pour rien. Alors que je me débattais comme une furie, les filles ont réussi à ouvrir la porte de leur cage. Alex s'est jetée sur le lion et lui a envoyé un de ces coups de pieds dans la tête ! Il est tombé en arrière en m'entraînant dans sa chute. J'ai alors senti une sorte de chaleur sur mon front... et je me suis étalée par terre, les quatre fers en l'air.

Mais j'étais tout de même heureuse d'avoir échappé à la grosse peluche !

« Merci, les filles. Je ne sais pas comment j'aurais fait sans... OUAF ! OUAF ! »

J'avais aboyé ! Comme un chien ! L'horreur ! Le point chaud sur mon front, c'était ça. En tombant des pattes du lion, le transmuteur s'était déclenché et m'avait transmis de l'ADN de chien !

Pas ça, pas à moi, pas alors que j'avais rendez-vous avec David !

Vous imaginez le tête-à-tête ? Enfin, je veux dire, le tête-à-gueule...

« Qu'est-ce que je vais faire ? J'ai toujours rendez-vous avec David !!! OUAF ! »

Sam trouvait que mon cas pouvait attendre, qu'il fallait en priorité arrêter les animaux. On voyait que ce n'était pas elle qui devait se balader à quatre pattes ! En plus, j'avais une puce derrière l'oreille qui me grattait affreusement.

Nous avons donc repris la voiture. Moi, je suis montée derrière comme un bon toutou, et nous avons foncé vers le zoo.

Chapitre 7

17 h 40

Centre ville de Pékin

En arrivant devant le magnifique portail du zoo de Pékin, nous avons découvert un spectacle terrifiant ; Adam, le directeur, essayait d'échapper à une horde d'animaux déchaînés qui hurlaient :

« À nous la liberté ! »

Il fallait agir vite. Et cette puce qui n'arrêtait pas de me chatouiller l'oreille...

Sam, qui était au volant, a annoncé :

« Accrochez-vous, les filles ! Je vais essayer de sauver Adam. »

M'accrocher ! Facile à dire, à quatre pattes sur la banquette arrière. Sam a fait un dérapage contrôlé, Adam a sauté à bord et... je lui ai léchouillé la joue ! Je vous jure, quelle honte ! Mais ce n'était pas de ma faute, je n'étais plus moi-même.

« Oui, moi aussi, je suis content de vous revoir, Clover. Tous mes animaux se retournent contre moi ! a-t-il expliqué, encore sous le choc. Ils ont enfermé le personnel dans les cages ! »

Vite ! Il fallait absolument trouver une solution pour empêcher les animaux de s'éparpiller dans la ville et de semer la terreur parmi la population. Sam a décidé de bloquer la sortie du zoo avec la voiture. Mais un rhinocéros nous a foncé dessus. Il a fait voler la voiture d'un coup de corne et tous les animaux se sont dirigés vers le centre de Pékin.

Bravo, Sam ! Comment pensait-elle pouvoir arrêter des animaux sauvages avec une voiture ? Après nous être extirpés tant bien que mal du 4 x 4 renversé, nous nous sommes lancés à leur poursuite.

La ville était devenue un véritable champ de bataille. Les passants s'enfuyaient en hurlant. Ils devaient être plutôt surpris de voir des animaux qui se baladaient tranquillement dans les rues en marchant sur deux pattes.

« On va se séparer pour les encercler, a décidé Sam.

— D'accord, mais comment ? » a gémi Alex.

J'étais tout à fait d'accord avec elle. Je ne voyais vraiment pas comment on pouvait venir à bout de ces « homimaux ». Surtout que je n'étais pas à cent pour cent de mes capacités...

Mais Sam a toujours réponse à tout.

« Avec nos gadgets. »

Je l'ai suivie (toujours à quatre pattes...) tandis qu'Alex et Adam partaient de leur côté.

Pour essayer d'arrêter deux

zèbres en fuite, j'ai sorti mon mascara éjecto-filet en fanfaronnant :

« Vous avez de la chance que je sois un animal moi aussi, sinon je vous aurais recyclés en sac à main et bottes assorties. »

Il y a deux choses que je n'oublie jamais : la mode et le sens de l'humour. Mais j'aurais mieux fait de rester concentrée. Quand j'ai lancé le filet dans les airs, les zèbres l'ont attrapé au vol et se sont mis à courir en me traînant derrière eux. J'ai aboyé :

« Ouauf secourf !

— Ne t'en fais pas ! m'a répondu Sam. J'arrive ! »

Hélas, dans la poursuite, elle a laissé échapper le précieux pistolet... qui est tombé dans une bouche d'égout. Oh, non ! J'allais devoir rester à moitié chien encore un moment !

Alors que je me dépêtrais tant bien que mal du filet, j'ai vu passer devant moi les animaux qui couraient vers le zoo, complètement paniqués.

Alex et Adam avaient eu l'idée de monter dans des engins de nettoyage des rues pour les poursuivre. Ce qui n'était pas bête car les jets d'eau et le bruit semblaient les effrayer.

Mais, soudain, Sherman s'est jeté sur le toit de l'engin d'Alex. Il l'a sortie de force du véhicule, l'a prise sur son épaule et s'est mis à escalader la façade d'un immeuble. Comme King Kong !

Alex se débattait en lui rouant le dos de coups de poing.

« Ahhh ! Lâche-moi, espèce de singe !

— Ne me traite jamais de singe ! Finie, la tyrannie des humains ! Les animaux vont régner sur le monde !!! »

Pauvre Alex, elle n'avait vraiment pas de chance depuis le début de cette mission.

Sam est arrivée en renfort. Entretemps, elle avait réussi à récupérer le transmuteur dans la bouche d'égout et à inverser son fonctionnement. Elle le lui a lancé et Alex l'a attrapé au vol.

Elle a pointé l'engin sur le front de Sherman.

« Désolée de te contredire, mais... prends ça, monsieur Singe ! »

Il s'est mis à grogner comme le gorille qu'il était redevenu.

« Waouh ! Ça marche ! Aaahhhh ! Je tooooommmmmbe ! »

Surpris par la transmutation, le gorille avait lâché Alex !

Heureusement, Sam, qui a toujours la tête sur les épaules, lui a crié de se servir de son sac à dos-parachute. Alex n'a eu qu'à tirer sur une lanière, le parachute s'est déployé, et elle a atterri en douceur à côté de nous.

« Ouf , il était moins une ! »

On peut dire que les gadgets nous sont chaque fois très utiles mais là, ils avaient sauvé la vie de notre petite Alex. Ah, sacré Jerry ! Je me suis dit que je lui ferais une petite léchouille de remerciement lors du pique-nique.

Le pique-nique ! David ! Il fallait toujours que je l'appelle...

Transmuteur en main, Sam s'est dirigée vers le zoo pour s'occuper des autres animaux. Et moi, alors ?

Je me suis mise à aboyer en mordillant le bas de son pantalon.

« Oui, Clover ! Toi aussi, je vais te "soigner". »

Épilogue

19 h 15

Zoo de Pékin, fête annuelle du WOOHP

Et voilà. La mission était terminée et nous avions une fois de plus été géniales. Quant à moi, heureusement, j'avais récupéré tout mon ADN !

Cette aventure avait fait réfléchir Adam sur les conditions de vie des animaux dans le zoo et celui-ci avait été transformé en réserve naturelle. Les animaux disposaient maintenant de grands enclos : il n'y avait plus une seule cage !

Pour le pique-nique du WOOHP, j'avais acheté une superbe petite robe chinoise en soie turquoise. Jerry était en train de féliciter les

filles mais moi, j'avais vraiment du mal à faire la fête. Je n'avais toujours pas trouvé le courage d'appeler David et là, je n'avais plus le choix. J'ai composé son numéro sur mon com-poudrier.

« Allô ?

— David ? C'est Clover. Écoute, j'ai une mauvaise nouvelle à t'annoncer...

— Moi aussi. Je ne sais pas comment te dire ça, mais je suis obligé d'annuler notre rendez-vous.

— Vraiment ? !

— Ouais. J'avais complètement oublié que je m'étais porté volontaire pour travailler au refuge animalier de Beverly Hills ce soir. Désolé.

— Je n'y crois pas ! Mais tu me poses un lapin !

— Bon, faut que j'y aille. Les animaux m'attendent. »

Non mais, me faire ça à moi ! Vous vous rendez compte, après tout ce que j'avais enduré !

Je me suis mise à hurler :

« David ! Attends ! N'y va pas ! Tu ne peux pas me faire ça à moi ! Tu me fends le cœur, c'est trop cruel ! Daviiiiiid ! »

Table

TFOU
www.tfou.fr
le site De tes héros Préférés
Info Pouet
Forum
Bazar Detector
Note ta Star
Totally Spies
Le site
TFOU! filles
le coin des copines
INTERDIT AUX GARCONS !
sur TFOU Zik !!!
concours
copines
Forums Filles
tests De Vanessa
la Récré
Totally Spies
imprimerie
Horoscope du jour
jeux

Totally Spies!
Retrouve tes héroïnes sur le site officiel
www.totallyspies.fr
autograph o matic
Les Totally Spies t'attendent pour une méga séance dédicaces !
écris ton nom ici :
OK
EXCLU !
Grande séance de Dédicaces

Imprimé en France par ***Partenaires-Livres®***
n° dépôt légal : 57878 - mai 2005
20.20.0848.06/0 - ISBN : 2-01-200848-8
Loi n° 49-956 du 16 juillet 1949
sur les publications destinées à la jeunesse